AF263064

UN ÉLECTEUR

DU

DÉPARTEMENT DE LA MOSELLE

A SES COLLÉGUES.

METZ,

Chez A. THIEL, Libraire, place St.-Jacques;
Et chez L. DE VILLY, Libraire, rue du Petit-Paris.
1818.

UN ÉLECTEUR

DU DÉPARTEMENT DE LA MOSELLE

A SES COLLÉGUES.

Noüs approchons de l'époque où nous devons exercer le plus important des droits du citoyen dans un état libre, celui de concourir à la formation de la loi, en choisissant nos représentans. Si, au moment de l'ouverture du collége, il était possible que chaque électeur arrivât sans avoir reçu d'avance l'impulsion d'aucun parti, sans avoir été sollicité ou circonvenu par aucune intrigue, nous connaissons le patriotisme et les sentimens de nos collégues, leurs voix ne seraient données qu'aux plus dignes ; les noms qui sortiraient de l'urne électorale honoreraient notre département et seraient un gage de repos et de bonheur pour la France : mais il n'est pas dans l'intérêt et dans les desseins des partis que les choses se passent ainsi, et que les choix que nous allons faire soient la véritable expression de nos vœux ; l'intrigue s'agite, les diffamations se propagent, les meilleurs

citoyens sont ouvertement attaqués, et des indi-
vidus flétris dans l'opinion de tous les partis osent
compter sur nos suffrages et les demandent avec
une impudente confiance ! L'honnête homme doit
donc élever la voix à son tour ; il doit opposer la
raison au sophisme, la franchise à l'intrigue, et
le patriotisme du vrai citoyen à la malveillance
des artisans de troubles.

Deux partis opposés cherchent à capter nos suffrages, et voudraient acquérir dans la chambre de
nos représentans assez de prépondérance pour obli-
ger le gouvernement à dévier de la marche qu'il
a cru devoir adopter : l'un, sans appui dans l'o-
pinion nationale, avait semblé vouloir faire re-
vivre des doctrines que la raison du siècle repousse,
que la charte ne reconnaît pas, et que le gouvernement a pour jamais éloignées ; mais des opinions
opposées à celles de la grande majorité ont fait
perdre successivement à ce parti les avantages de
la position où les événemens de 1815 l'avaient placé.
Comme il ne paraîtra probablement plus dans l'a-
rène où les partis se disputent le pouvoir, nous
nous dispenserons de le combattre ; nous lui dirons seulement qu'il ne peut plus espérer de sub-
sister comme parti isolé et agissant pour lui-même,
mais qu'il peut prêter une grande force à celui
auquel il voudra s'unir, et nous l'inviterons à se
ranger franchement sous la bannière constitutionnelle.

Mais une faction plus dangereuse s'agite encore

au milieu de nous ; c'est celle de ces prétendus *li-béraux* qui se présentent à nous comme les défenseurs de nos droits et les soutiens de la liberté menacée. Ils veulent, nous disent-ils, former dans l'assemblée de nos députés, une opposition indépendante qui veille au maintien des lois, s'oppose à l'arbitraire, prescrive l'économie et résiste aux envahissemens du pouvoir ; unie au ministère tant qu'il reste dans les voies de la charte, mais prête à lui opposer un mur d'airain , s'il tentait de les abandonner........ Electeurs, mes collégues, si cette profession de foi est sincère, si vous êtes bien surs que ce soit là le but qu'ils se proposent , tendons la main à ces vrais amis de la patrie, unissons nos efforts aux leurs et choisissons avec confiance les candidats qu'ils nous présentent ; car ce qu'ils veulent nous le voulons aussi , et le résultat qu'ils veulent atteindre ne diffère pas de celui vers lequel se dirigent nos efforts ; mais si dans cette libérale déclaration de principes nous pouvions apercevoir une arrière-pensée , si la conduite précédente, si les opinions antérieurement émises par la plupart d'entr'eux , démentaient cette fière indépendance qu'ils affichent aujourd'hui , si des souvenirs encore récens nous prouvaient que ces libéraux d'un jour étaient hier les plus humbles esclaves du pouvoir ,...... serait-il prudent de se livrer en aveugles à leurs conseils ? et ne faudrait-il pas au moins rester dans une salutaire. défiance ? Si un brigand déguisé venait vous dire : « Je sais

» qu'on en veut à votre vie, à votre fortune,
» à votre liberté, et je viens vous sauver ; je ne
» vous demande qu'une entière confiance, une
» obéissance absolue, et de me suivre par-tout où
» je voudrai vous conduire ; » — Ne répon-
driez-vous pas à cet officieux ami : « Généreux
» protecteur des opprimés, je vous rends grace
» de votre zèle, mais vos secours me sont inutiles ;
» je n'ai point d'ennemis, aucun danger ne me
» menace ; en tous cas j'ai bonne tête et bon bras,
» et je saurai pourvoir tout seul à ma sûreté ?
» Je me souviens à la vérité d'avoir été naguère
» garrotté, volé et battu de main de maître ; mais
» je vous reconnais, vous étiez de la bande et vous
» applaudissiez ; ainsi trouvez bon que je me passe
» de vos secours. » — Faisons la même réponse
à ceux qui voudraient nous alarmer sur des intérêts que personne ne veut attaquer, et auxquels
la sagesse royale prête une garantie bien plus forte
que celle qu'il pourrait recevoir d'un parti.

Ils veulent donc, nous disent-ils, qu'il existe
dans la chambre des députés un parti fort et in-
dépendant qui puisse contenir les ministres dans
les limites constitutionnelles ; ils ont assurément
raison, et je voudrais même que non-seulement
un parti dans la chambre, mais la chambre entière se soulevât contre toute proposition atten-
tatoire à la charte et destructive des droits qu'elle
consacre ; mais soyons de bonne foi, avons-nous
donc sujet de redouter si fort l'avenir qui nous

est préparé ? le ministère actuel nous a-t-il donné tant de motifs pour suspecter ses intentions ? Si j'en juge par ce qu'il a fait, je ne vois pas qu'il soit bien juste et bien nécessaire de s'armer contre lui d'une si injurieuse défiance ; je vois un terme mis à la réaction de 1815, la fureur des épurations réprimée, le système représentatif complété par la loi des élections, une armée vraiment nationale, prête à se former par cette loi du recrutement qui a déjoué pour jamais toute prétention contraire à l'égalité légale, la liberté individuelle rendue à toute son inviolabilité, les cours prévôtales abolies, la liberté de la presse pleine et entière pour les ouvrages non périodiques ; je vois le crédit relevé et nos fonds publics haussés de près de trente pour cent, malgré tant de causes qui auraient dû amener une baisse effrayante, si la confiance publique ne les avait soutenus ; je vois la France rendue au calme et les armées étrangères prêtes à quitter notre sol ; je vois enfin partout les bienfaits du régime constitutionnel, et la France, en jouissance de cette liberté, objet de tant de vœux, d'efforts généreux, et achetée par tant de sacrifices ! voilà ce qu'a voulu le roi et ce que ses ministres ont exécuté ; le gouvernement à qui nous devons ces bienfaits, s'est-il donc montré si illibéral, si ennemi de la liberté publique ? a-t-il donc cherché à envahir nos droits, lorsqu'il a volontairement renoncé au pouvoir que lui donnaient plusieurs lois précédemment rendues ?

Si cet hommage d'une reconnaissance profonde et sincère envers un gouvernement paternel me rendait l'objet de cette banale accusation de *ministérialisme*, dont les partis sont si prodigues envers ceux qui repoussent leur exaltation, je répondrais : il existe en France un parti plus fort, plus nombreux, plus éclairé que tous les autres; ce parti veut le Roi, la charte et la légitimité qu'elle consacre; le repos, la liberté, l'égalité légale; il ne veut ni le despotisme ni l'anarchie; il déteste les crimes qui ont souillé la révolution, mais il veut jouir des biens qu'elle a produits; il appelle à lui les vertus, les talens, les services de toutes les époques, et repousse également les prétentions féodales, les principes démagogiques, et la servilité des valets du despote; il veut, en un mot, la France, non telle qu'elle fut avant nos troubles, non telle que les partis voudraient la faire, mais telle qu'elle est avec son Roi, sa charte, et après 30 ans de révolution. Ce parti, qui est celui de la France presqu'entière, est aussi celui auquel les ministres se sont ralliés du moment où les clameurs des factions leur ont permis d'entendre sa voix et qu'ils ont pu juger de sa force; nous ne sommes donc pas dans le parti du ministère, c'est lui qui s'est jeté dans le nôtre, et il n'est pas sans utilité d'établir cette différence, afin de rejeter cette odieuse imputation de ministérialisme sur ces adorateurs de la puissance du jour, quelles que soient ses couleurs; constitutionnels aujourd'hui, parce que le gouvernement l'est lui-même, et tout prêts à célébrer la tyrannie, s'il était possible qu'elle pût encore s'établir parmi nous.

Si le ministère a marché dans la ligne que lui traçaient l'opinion de la France et les vrais intérêts de la nation, il doit avoir contre lui tous les partis qui professent d'autres opinions et qui sont mus par d'autres intérêts; ils doivent donc désirer sa chute, ou du moins chercher à changer sa marche, et certes, le meilleur moyen d'y parvenir serait de s'assurer la majorité dans la chambre; mais supposons cette majorité acquise à un parti, déterminé à renverser le ministère, qu'en arrivera-t-il? Le gouvernement sera entravé dans sa marche, gêné dans son action et découragé dans tous ses efforts; il proposera les lois les plus sages, elles seront rejetées ou des amendemens inadmissibles en détruiront l'esprit et en empêcheront l'exécution. Mais quand bien même le ministère adopterait des projets de loi, ainsi métamorphosés, la seconde branche de la puissance législative, la chambre des pairs, dont les principes sont à la fois si libéraux et si monarchiques, et qui s'est montrée si constitutionnelle, la chambre des pairs aurait-elle la même condescendance? Il est évident que non; car elle a prouvé que, si elle s'associait à la chambre des députés pour protéger nos libertés, elle savait aussi défendre les prérogatives du trône. Or, quelles seraient les suites de cette lutte entre une chambre des pairs unie au roi, pour défendre le trône et la liberté, et une chambre des députés qui voudraient attaquer l'un et dénaturer l'autre? On ne peut en calculer l'étendue, mais on voit bien clairement au moins, que tant que la chambre des pairs approuvera la marche adoptée par le gouvernement, la majorité que pourrait acquérir l'opposition dans celle des députés, ne parviendrait qu'à amener de douloureux déchiremens, rendre impossible la formation des meilleures lois, et compromettre le repos de notre patrie.

Mais écartons des craintes qui ne peuvent se réaliser; non, jamais, je l'espère, notre excellent roi ne se repentira de nous avoir donné la charte et la loi des élections; jamais, nous n'aurons à déplorer ses bienfaits; nous saurons prouver aux nations, par l'usage que nous ferons de la liberté, que nous étions dignes de l'obtenir, et l'Europe ne sera plus réduite à s'armer contre nous.

Mais, si nous voulons prévenir à jamais le retour des maux dont nous avons si long-temps gémi, écartons loin de nous tout homme, et tout parti dont le repos et la stabilité ne sont pas le premier besoin; n'accordons aucune confiance à celui qui veut plus ou qui veut moins que la charte; défions-nous surtout des dangereuses suggestions des faux amis de la liberté, qui ne l'embrassent que pour l'étouffer.

Ils nous diront qu'ils veulent la défendre, cette précieuse liberté; demandons-leur d'abord pourquoi ils se trouvent si à l'étroit dans nos institutions constitutionnelles, eux qui respiraient si à l'aise sous le despotisme impérial? Pourquoi ils nous vantent sans cesse les hommes et les choses de ce temps de servitude, et pourquoi ils censurent avec tant d'amertume tout ce qui se fait sous le régime de la charte? qu'ils nous disent, par quel étrange hasard ces zélateurs si ardens des idées libérales sont les mêmes hommes que le despotisme avait comblés de ses faveurs, et pourquoi, en proclamant la liberté, ils semblent si souvent regretter les douceurs de l'esclavage? Quand enfin ils auront répondu à ces questions, nous leur dirons à notre tour que la liberté est le droit de faire tout ce que les lois ne défendent pas et de ne pouvoir être contraint à faire ce qu'elles n'ont pas ordonné, et que nous jouissons maintenant de ce droit dans toute sa plénitude.

. Ils se plaindront de l'arbitraire; nous leur demanderons de nous en citer des exemples et de nous dire où sont les détenus, les citoyens arrachés à leur domicile en vertu d'ordres arbitraires, les propriétaires ruinés par des réquisitions ou des contributions illégales, et enfin quelles lois ont été violées ou éludées.

Ils recommanderont l'économie; nous leur répondrons que certainement nous la voulons aussi, mais que nous avons une marine et une armée à créer, de braves officiers en retraite ou à demi-solde à entretenir; que le gouvernement du roi a voulu tenir les engagemens pris par le gouvernement usurpateur, et que nous avons un immense arriéré à solder ; que le 20 mars nous coûte 13 ou 14 cents millions, qu'une nation de 28 millions d'habitans ne peut être gouvernée sans frais, qu'en désorganisant l'administration publique, en payant mal les serviteurs de l'état, en privant le trône de l'éclat dont il doit briller, on obtiendrait peut-être une économie de 8 ou 9 millions, c'est-à-dire, à-peu-près de la centième partie des dépenses obligées du trésor, et que ce résultat ne peut certes compenser ce que le gouvernement perdrait en dignité au dehors et au dedans, et la déconsidération qui en rejaillirait sur ceux qui le servent.

Ils déclameront contre les lois d'exception ; nous leur répondrons qu'il n'en existe plus qu'une seule, celle qui restreint la liberté des journaux et qu'il est probable qu'elle sera bientôt remplacée par une loi permanente, conforme au vœu de la nation.

Ils nous recommanderont de refuser nos suffrages aux fonctionnaires publics, parce que, disent-ils, les agens du gouvernement, avides d'argent et de pouvoir, tendront toujours à augmenter l'impôt et à restreindre la liberté ; nous leur dirons d'abord que nous serions bien voisins d'une révolution, si la confiance du peuple était incompatible avec celle du souverain, et que, grâce au ciel, nous n'en sommes pas là ; ensuite que le gouvernement ne songe pas à restreindre la liberté, et que, s'il cherchait à étendre son pouvoir, ce serait à son profit et non à celui de ses agens ; que les fonctionnaires éligibles étant nécessairement propriétaires, puisqu'ils paient 1000 f. de contributions, ont comme nous un intérêt permanent à ne pas accroître l'impôt, et n'auraient qu'un intérêt temporaire et éventuel à l'augmenter ; qu'une place est une sorte de propriété qui nous attache comme une autre à la stabilité de l'état, et que c'est sur-tout de stabilité que nous avons besoin ; enfin que, si l'on veut exclure ceux qui ont des places, parce qu'ils dépendent du gouvernement, il faudrait à plus forte raison exclure ceux qui voudraient en avoir, c'est-à-dire presque tous les candidats, même les candidats indépendans.

Ils nous parleront de là gloire militaire de la France, et nous diront qu'il faut que ses intérêts soient représentés dans l'assemblée des députés de la nation ; répondons-leur que la gloire nationale est défendue par l'opinion de la France et de l'Europe, et n'a point d'intérêts politiques à défendre dans les chambres ; que d'ailleurs nous voyons siéger dans celle des pairs l'élite et l'honneur de nos armées ; qu'une gloire fondée sur vingt-cinq ans de triomphe n'a pas besoin de l'appui d'un parti ; nous leur dirons encore, au risque d'être accusés par eux-mêmes d'un *libéralisme* exagéré, que le militaire voué à l'obéissance absolue, soumis au joug d'une discipline sévère, est en quelque sorte placé en dehors d'un système constitutionnel, et n'a aucun intérêt à l'établissement ou au maintien d'une liberté dont il ne peut jouir ; qu'il doit naturellement lui préférer le pouvoir absolu sous lequel ses droits et son importance s'accroissent, à mesure que les droits et l'importance des autres citoyens s'affaiblissent ; et qu'ainsi une politique vraiment constitutionnelle doit tendre à écarter de la législature un ordre de fonctionnaires qui ne pourrait que par un effort de patriotisme et de désintéressement qu'on ne peut attendre de tous, être favorable à la liberté.

Tels sont sans doute les dangers dont ce parti va nous offrir le tableau ; tels sont les insidieux conseils qu'il va nous donner et les défiances qu'il tâchera de nous inspirer ; mais nous saurons repousser ce langage perfide ; le patriotisme et les lumières des électeurs de ce département sauront déjouer ces odieuses intrigues, dont le but secret est le renversement du trône, la ruine de la liberté, et le retour de tous les désastres qui ont suivi l'affreux 20 mars.

Rallions-nous donc sincèrement au roi ; entourons ce trône constitutionnel que l'arbre de la liberté couvre de son salutaire ombrage ; défendons cette charte qui nous a rendu des droits si longtemps méconnus ; repoussons tous les partis, quelles que soient les couleurs qu'ils arborent, si leur premier vœu n'est pas le bonheur et le repos de notre patrie et s'ils veulent détruire et non conserver ; réunissons nos suffrages sur ceux de nos concitoyens en qui nous avons reconnu vertu, talent, patriotisme, amour sincère pour la vraie liberté, pour le repos, pour l'ordre et pour nos lois; repoussons avec mépris des intrigans étrangers, séditieux sous le règne des lois, rampant sous le pouvoir absolu, et tout prêts à courir une seconde fois au-devant de la servitude.

Que chacun de nous puisse se dire: les hommes que je vais honorer de mon suffrage, auraient celui de la France entière; les noms que je vais déposer dans l'urne sont purs, et à quelque époque qu'ils aient été prononcés, ils ne peuvent rappeler que d'honorables souvenirs......... Alors et seulement alors, la chambre des députés sera vraiment l'organe des sentimens de la France; les déplorables traces de nos longs malheurs acheveront de disparaître, et notre belle patrie apparaissant à l'Europe, libre, heureuse, puissante et prospère, reprendra parmi les nations le rang auquel l'appellent la nature, le génie de ses habitans et la sagesse de ses lois,

A METZ, chez LAMORT, Imprimeur, rue du Palais, n°. 10.

www.ingramcontent.com/pod-product-compliance
Lightning Source LLC
Chambersburg PA
CBHW050717070726
47597CB00009B/3676